맷 라모스 글·그림

난 미합중국 일리노이주 시카고에 있는 목조 주택에서 여자 친구인 제니와 함께 살아. 청바지와 티셔츠를 즐겨 입고 후드 잠바도 좋아해. 아침엔 커피를 마셔. 난 소고기로 만든 파스트라미 샌드위치를 좋아해. 물론 피자는 누가 준다고 하면 거절한 적이 없지. 난 로드아일랜드 디자인 학교를 졸업하고, 주로 책을 만드는 일을 하는데, 'ALSO' 디자인 회사에서도 일하고 있어. 목공과 난로 고치는 일이 취미야. 잠자기 전엔 십자말풀이를 하거나 탐정물을 본단다. 우린 똑같은 하늘 아래 살고 있다는 거 알지? 만나서 반가워.

김경연 옮김

난 경기도에 있는 아파트에 살아. 여행을 좋아하는데 갈 수가 없을 때는 다큐멘터리나 영화로 마음을 달래. 서울대학교에서 독문학을 전공했고 아동 문학가이자 번역가로서 많은 어린이 책을 번역하고 좋은 외국 도서를 소개하는 일에 힘쓰고 있어. 옮긴 책으로는 《행복한 청소부》《바람이 멈출 때》《브루노를 위한 책》《엘리베이터 여행》《여왕 기젤라》《여름의 규칙》《난 커서 바다표범이 될 거야》《내 비밀 친구 토미》《넌 (안) 작아》 등이 있단다.

풀빛 지식 아이

일곱 나라 일곱 어린이의 하루

초판 1쇄 발행 2018년 1월 23일 | 초판 5쇄 발행 2021년 11월 25일
맷 라모스 글·그림 | 김경연 옮김
펴낸이 홍석 | 이사 홍성우
편집부장 이정은 | 편집 차정민·조웅연·이은경 | 디자인 박두레
마케팅 이송희·한유리 | 관리 최우리·김정선·정원경·홍보람·조영행
펴낸곳 도서출판 풀빛 | 등록 1979년 3월 6일 제2021-000055호
주소 서울특별시 강서구 양천로 583 우림블루나인 A동 21층 2110호
전화 02-363-5995(영업) 02-362-8900(편집) | 팩스 070-4275-0445
전자우편 kids@pulbit.co.kr | 홈페이지 www.pulbit.co.kr
블로그 blog.naver.com/pulbitbooks | 인스타그램 instagram.com/pulbitkids

ISBN 979-11-6172-050-0 74900
978-89-7474-082-5 (세트)

THIS IS HOW WE DO IT by Matt Lamothe
Copyright © 2017 by Matt Lamothe
Korean Translation Copyright © 2018 by PULBIT publishing co.
All right reserved.

Korean translation rights arranged with Chronicle Books through Amo agency, Korea.
이 책의 한국어판 저작권은 아모 에이전시를 통해 저작권자와 독점 계약한 도서출판 풀빛에 있습니다.
저작권법에 의하여 한국 내에서 보호를 받는 저작물이므로 무단전재와 무단복제를 금합니다.

이 도서의 국립중앙도서관 출판시도서목록(CIP)은 서지정보유통지원시스템 홈페이지(http://seoji.nl.go.kr)와 국가자료공동목록시스템(http://www.nl.go.kr/kolisnet)에서 이용하실 수 있습니다. (CIP제어번호: CIP 2017034426)

지은이와 협의해 인지는 생략합니다.
책값은 뒤표지에 표시되어 있습니다.
파본이나 잘못된 책은 구입하신 곳에서 바꿔드립니다.

 품명 아동 도서 사용연령 5세 이상
제조국 대한민국 제조년월 2021년 11월 25일
제조자명 도서출판 풀빛 연락처 02-363-5995
주소 서울특별시 강서구 양천로 583 우림블루나인 A동 21층 2110호
주의사항 종이에 베이거나 긁히지 않도록 조심하세요.
책 모서리가 날카로우니 던지거나 떨어뜨리지 마세요.
KC마크는 이 제품이 공통안전기준에 적합하였음을 의미합니다.

일곱 나라 일곱 어린이의 하루

다른 나라 친구들은
어떻게 살고 있을까?

맷 라모스 글·그림
김경연 옮김

이탈리아

내 이름은 로메오야.
'메오'라고 부르기도 해. 난 여덟 살이야.

일본

내 이름은 케이야. '케이짱'이라고도 해.
난 아홉 살이야.

우간다

내 이름은 다피네야. '압울리'라고도 불러.
난 일곱 살이야.

러시아

내 이름은 올레크야. '올레시카'라고도 불러.
난 여덟 살이야.

안녕?

페루
내 이름은 리발도야. '피리네요'라고도 불러.
난 열 한 살이야.

인도
내 이름은 아나냐야. '아누'라고도 불러.
난 여덟 살이야.

이란
내 이름은 키안이야.
난 일곱 살이야.

내가 사는 곳

러시아
난 아파트에서 살아. 우리 집은 우랄산맥 근처에 있는 광산 도시 우찰리에 있어.

페루
난 아마존 우림 지역에 있는 로스 나란호스라는 마을에서 살아. 우리 집은 아버지가 직접 지었어.

일본
난 도쿄에서 단독 주택에 살아. 도쿄는 일본의 수도야.

우간다

난 카냐와라라는 마을에서 살아.
우리 집은 나무와 진흙으로 지었어.

이탈리아

난 코드리냐노에서 살아.
우리 집은 단독 주택이고,
집 뒤에는 포도밭이 있어.

이란

난 카스피해 근처 고르간시에서 살아.
우리 집은 아파트야.

인도

난 갠지스강변에 있는 도시 하리드와르에
살아. 우리 집은 다세대 주택이야.

이란

난 엄마 마흐사, 아빠 모하마드, 남동생 아란하고 살아.

인도

난 엄마 시비, 아빠 모힛, 여동생 아니카하고 살아.

일본

난 엄마 유키, 아빠 다이, 여동생 나오하고 살아.

이탈리아

난 엄마 프란체스카, 아빠 오스카, 형 우고, 누나 밀라랑 살아.

우리 가족

페루

난 엄마 소피아, 아빠 이사이아스,
남동생 나이세르와 에베르, 여동생 네이다하고 살아.
우리랑 함께 살지 않는 형과 누나가 넷이 있어.

우간다

난 엄마 비어트리스, 아빠 피터,
오빠 로저하고 살아.

러시아

난 엄마 카챠, 아빠 알베르트,
남동생 아르템하고 살아.

일본

내가 좋아하는 옷을 입어. 난 줄무늬 원피스와
장식이 많고 화려한 양말을 좋아해.

이란

난 교복을 입어.
재킷에는 셔츠 깃이 달려 있어.

이탈리아

난 날마다 다른 옷을 입어.
가장 좋아하는 옷은 공룡 스웨터야.

페루

우린 교복이 없어.
보통 티셔츠와 바지를 입고
사자 버클이 달린 벨트를 매.

학교 갈 때 입는 옷

러시아

남자아이들은 검은색 정장과
흰색 셔츠를 입고 넥타이를 매어야 해.
난 양말은 신경을 써서 골라.

인도

난 교복을 입고 학생증을
목걸이처럼 걸고 가.

우간다

우리는 빨간색 티셔츠와 초록색
반바지를 입고 학교에 가.

내가 먹는 아침 식사

이란
난 바르바리 빵과
페타 치즈, 달걀 요리와
호두를 먹고 설탕을 탄 차를 마셔.

우간다
난 고기를 넣은 마토케와
빵, 달걀 요리를 먹고
우유를 마셔.

페루
난 후추를 넣은 닭고기 볶음밥과,
얇게 썰어 삶은 플랜테인을 먹고
뜨거운 우유를 마셔.

이탈리아
난 누텔라를 바른 토스트와,
달걀 노른자와 설탕을 휘저어
우유에 넣은 디저트를 먹고 차를 마셔.

러시아
난 우유와 버터를
넣어 끓인 귀리 카샤와
파머 치즈, 빵을 먹고
사과 주스를 마셔.

인도
난 토마토 처트니와 함께 파니르 파라타를
먹고 우유를 마셔.

일본
난 후리카케를 뿌린 밥과
미소 된장국, 구운 대구,
오렌지를 먹어.

학교 가는 길

일본

난 혼자 걸어서 학교에 가.
카페에서 커피콩을 볶는 냄새가 고소해.
건널목에서 안전 지킴이를 만나면
"오하요-고자이마스."
라고 인사해.

러시아

나는 걸어서 학교에 가.
커다란 고층 아파트와 모스크, 성당과
햇볕을 쪼이고 있는 고양이들을 지나가.
멀리 이레멜산이 있어.

페루

난 동생들과 함께 큰길을 따라 걸어가.
이따금 길거리 가게에서 간식으로 먹을
달콤한 빵을 사기도 해.

이란

난 엄마나 아빠가 차로 데려다줘. 건설 현장과 빌딩들, 일하러 가는 사람들을 빠르게 지나쳐 가.

이탈리아

난 학교 버스를 타고 가. 강과 협곡, 포도밭과 올리브 밭을 지나가. 때로는 양치기와 양 떼를 보기도 해.

우간다

난 친구들과 한 시간 반 동안 오솔길을 걸어가.
길 옆에는 유칼립투스 나무와
바나나 나무들이 있어.

인도

엄마가 밴으로 나랑 친구들을 태워다 줘.
도로엔 차들도 많고
소도 자유롭게 돌아다녀.

우리 선생님

우간다
우린 선생님을 이름으로 불러.
선생님 이름은 '이블린'이고,
8년 동안 학생들을 가르쳤어.

인도
우린 선생님을 '아르티 바틀라 맴'이라고 불러.
선생님은 4년 동안 학생들을 가르쳤어.

러시아
우린 선생님을 이름으로 불러.
선생님 이름은 '<u>스베틀라나
아나톨리예브나</u>'이고 36년 동안
학생들을 가르쳤어.

페루

우린 선생님을 '프로페서 페드로'라고 불러. 선생님은 26년 동안 학생들을 가르쳤어.

일본

우린 선생님을 '센세이'라고 해. 선생님은 12년 동안 학생들을 가르쳤어.

이탈리아

우린 선생님을 이름으로 불러. 선생님 이름은 '루이사'이고 20년 동안 학생들을 가르쳤어.

이란

우린 선생님을 '카눔 모알렘'이라고 불러. 선생님은 6년 동안 학생들을 가르쳤어.

인도
우리는 수학, 힌디어, 영어를 배우고
사회와 윤리도 공부해.

일본
우린 흰 실내화를 신고
돌아가면서
교실 청소를 해.
수학, 과학,
일본어뿐만 아니라
윤리도 공부해.

학교생활

페루

우리 학교는 매우 작아서
5학년과 6학년이 한 교실에서 함께 공부해.
우리는 날마다 다른 과목을 배우고
수업은 한 시에 끝나.

러시아

난 러시아어, 영어, 바시키르어, 이렇게 세 개의 언어를 배워. 난 일학년에서 사학년까지 쭉 같은 아이들과 같은 선생님하고 공부하고 있어.

우간다

난 사립 학교에 다녀. 학교가 멀어서 학교 근처에 사는 할머니 집에서 다녀. 우리 학급은 남학생 여학생 합해서 69명이고, 수학, 읽기, 쓰기, 종교를 공부해.

이란
우리 학교는 남학생만 다녀.
이란어로 읽기와 쓰기, 수학,
과학, 그리고 쿠란을 공부해.

이탈리아
우리는 교실 밖에서
많은 활동을 해.
공원이나 숲을 간다든가,
다른 도시의 박물관을 가.
연말에는 뮤지컬을 공연해.
수업 시간은 여덟 시부터
오후 네 시까지야.

우리말, 우리 문자로 쓴 내 이름

러시아
우리말은 러시아어야.
러시아어는 <u>키릴 문자</u>를 써.

페루
우리말은 스페인어야.
스페인어는 <u>라틴 문자</u>를 써.

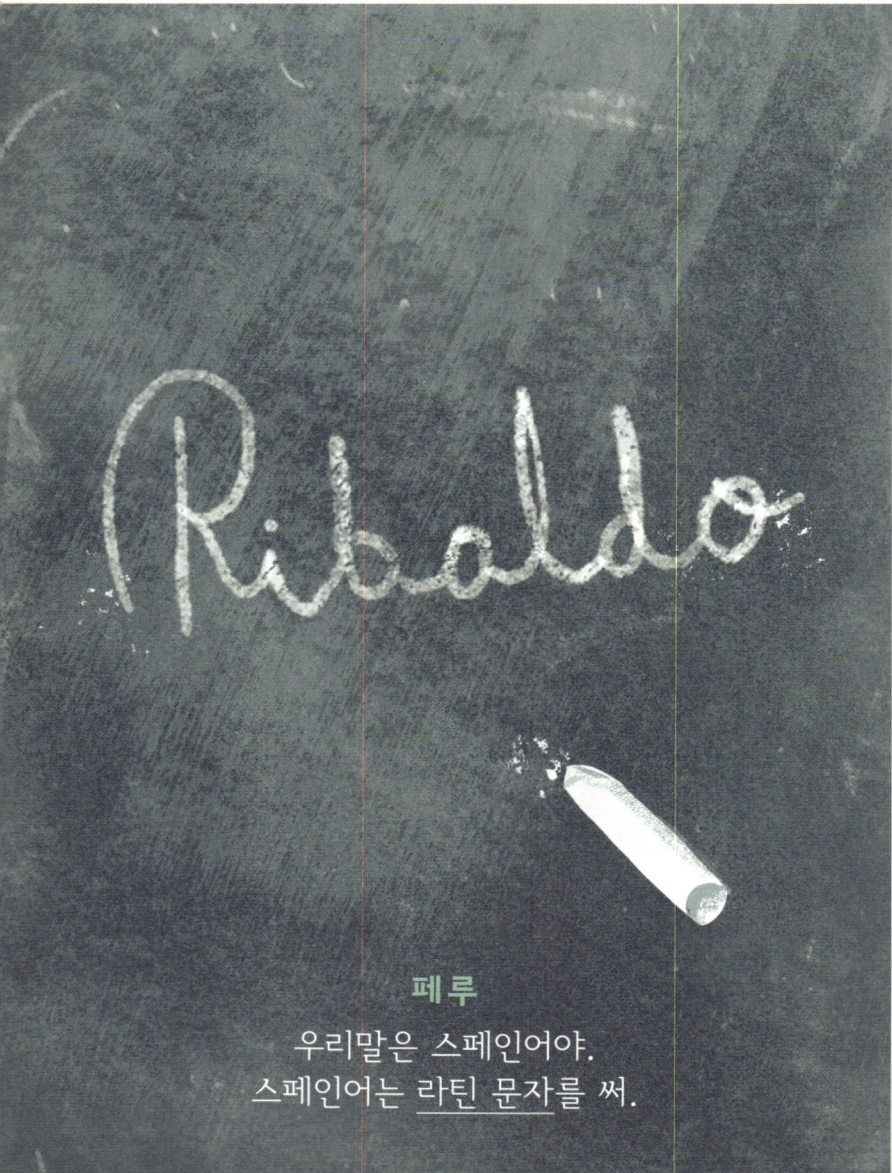

이란
우리말은 이란어야.
이란어는 <u>페르시아 문자</u>를 써.

일본
우리말은 일본어야.
일본어는 가나 문자를 써.

우간다
우리말은 반투어와 영어야.
둘 다 라틴 문자로 써.

인도
우리말은 힌디어야.
힌디어는 데바나가리 문자를 써.

이탈리아
우리말은 이탈리아어야.
이탈리아어는 라틴 문자를 써.

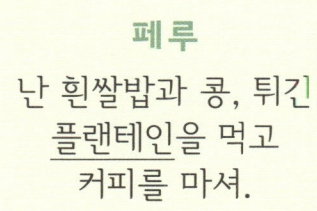

페루
난 흰쌀밥과 콩, 튀긴 플랜테인을 먹고 커피를 마셔.

이란
나는 아다스 폴로, 신선한 푸른 야채와 허브, 샐러드를 먹고 물을 마셔. 샐러드는 토마토, 오이, 양파, 라임즙으로 만들어.

러시아
난 버터를 넣은 보리 카샤와 치즈를 올린 오픈 샌드위치를 먹고 설탕을 탄 차를 마셔.

인도
난 차파티와 오크라, 초콜릿 쿠키를 먹고 물을 마셔.

내가 먹는 점심 식사

일본
나는 '치킨가스'와 쌀밥,
오이, 두부, 해초를 넣고 끓인 국과
샐러드를 먹고 우유를 마셔.

이탈리아
나는 세이지와 치즈를 곁들인
라비올리를 먹고 물을 마셔.

우간다
나는 토마토 소스를 넣은
마토케를 먹고 물을 마셔.

내가 좋아하는 놀이

우간다
나는 학교 친구들과
줄넘기하는 것을 좋아해.

이탈리아
나는 우리 집 뒤에 있는 언덕에서 돌 던지기 시합을 해.

러시아
나는 거의 매일 방과 후에 아이스하키를 해.

인도
나는 친구들을 모두 모아
공원에서 '루마알 코어'를 해.
'수건돌리기'와 비슷한 놀이야.

일본
나는 우리 집 마당에서 친구들과
'쿠리 오니' 놀이를 해.
'얼음 땡' 놀이와 비슷해.

이란
나는 친구들과 가까운 승마장으로
말을 타러 가.

페루
나는 큰길 옆 들판에서
형제들과 조카와 함께 축구를 해.

내가 하는 집안일

우간다
나는 마당을 쓸어.

인도
나는 빨래를
빨랫줄에 널어.

이탈리아
나는 우리 고양이 네 마리와 뒷마당에
찾아오는 길고양이들에게 밥을 줘.

페루
난 우리 농장 옥수수 밭을 돌봐.

러시아
나는 마루와 러그를 진공청소기로 청소해.

이란
난 남동생 돌보는 걸 도와.

일본
나는 저녁 요리 준비를 도와.

이란

주말에는 모두 함께
저녁 식사를 하지만
평일에는 엄마와 남동생과 나만 해.
우리는 아홉 시에 식탁에 앉아
구운 닭고기와 빵,
토마토와 오이 샐러드,
요구르트를 먹고 물을 마셔.

러시아

우리는 여섯 시에 식탁에서
모두 함께 식사해.
샐러드와 삶아 으깬 감자,
치즈를 곁들인 코틀레티
(내가 좋아하는 음식이야.)와
빵을 먹어.
엄마는 디저트로 쿠키와
연유가 들어 있는 올라디와
홍차를 내와.

우리 집 저녁 식사

이탈리아

우리 가족은 주말에는 언제나 모두 함께 식사해.
우리는 여덟 시에 식탁에 모여 앉아
라구 볼로네즈와 베사멜 소스를 넣은 라자냐를 먹어.
음료는 복숭아 아이스티와 물이야.

우간다

나는 형과 엄마와 가사 도우미와
보통 밤 열시 경에 저녁을 먹어.
커다란 나무 식탁에서
지넛 소스를 넣은 마토케를 먹고
우유를 마셔.

일본

나는 부모님이랑 여동생이랑
일곱 시쯤 저녁을 먹어.
쌀밥과 미소 된장국,
구운 연어에 타르타르 소스,
사과와 오이가 들어 있는
참치 샐러드를 먹고
우유나 물을 마셔.

인도
우리는 아홉 시에
온 가족이 함께 둘러 앉아 식사해.
처트니와 차파티,
당근과 감자 요리,
요구르트, 마실 물이 있어.

페루
우리는 온 가족이
일곱 시쯤에 모여
흰쌀밥과 끓인 유카,
닭고기 스튜를 먹고
커피를 마셔.

러시아
난 아빠랑 체스를 두어.

저녁 시간

인도
여동생과 나는 카롬이라고 부르는 보드 게임을 해.

우간다
나는 가족과 느긋이 휴식을 취해.

이란
나는 TV로
만화 영화를 봐.

페루
나는 남동생
숙제를 도와줘.

이탈리아
나는 아빠랑
자동차 모형을 만들어.

일본
엄마랑 나는 함께
책을 읽어.

페루

나는 여동생과 함께 자.
나무 바닥이 딱딱해서
담요를 세 장이나 깔아.

이탈리아

나는 내 방 나무 침대에서
거위털 담요를 덮고 자.
거위털 담요는 겨울에만 덮어.

이란

나는 내 방
나무 침대에서
내가 좋아하는
담요를 덮고 자.

일본

나는 여동생과 나란히
후돈을 깔고 자.

잘 자!

인도
나는 여동생과 부모님과 나란히 아주 커다란 침대에서 자.

우간다
나는 부모님이랑 한 방에서 모기장을 친 나무 침대에서 자.

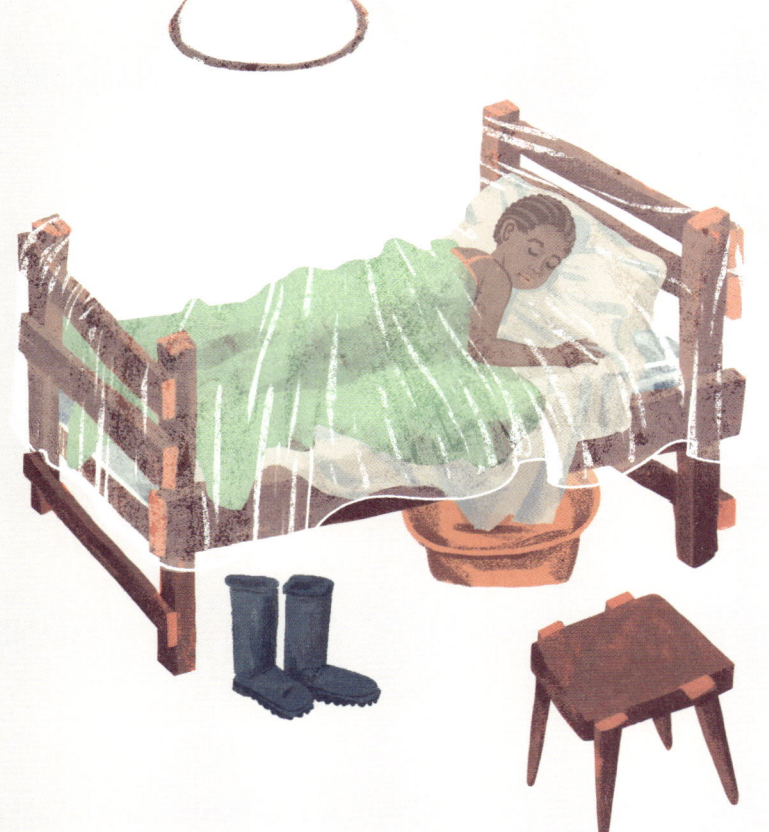

러시아
나는 남동생과 방을 함께 써. 내 침대는 벙커 침대야.

우리 밤하늘이야!

페루

우간다

러시아

일곱 나라 일곱 어린이의 가족

이 책은 일곱 개의 나라에서 실제 살고 있는 일곱 명의
어린이들이 하루를 어떻게 보내는지 보여 줍니다.
바로 이 글을 읽는 동안에도 이들 중 누군가는
아침 식사를 하거나 밖에서 놀고 있을지도 모릅니다.

일곱 가족들은 모두 자기 나라에서 여러 세대에 걸쳐
살았습니다. 일곱 가족들은 자기 나라의 고유한 전통을
따르며 살고 있지만, 삶의 방식과 모습이 꼭 그 나라
문화와 생활 양식을 대표하는 것은 아닙니다.
페루에 사는 모든 사람이 축구를 좋아하지 않는 것처럼,
일본에 사는 모든 사람이 아침 식사로 생선을 먹지 않는
것처럼 말입니다.

여러분과 친구들을 생각해 보세요.
한국에서 태어나 자랐다고 해서 모두가 같은 옷을 입고,
같은 밥을 먹으며 똑같은 하루를 보내지 않잖아요.

일곱 나라 일곱 어린이들이 자기 나라 문화의 대표자가
될 수는 없지만, 그들의 하루를 살피면서 우리와 다른
생활 양식과 전통을 느낄 수 있을 것입니다.
또한, 그들만의 언어와 문화도 이 책을 통해 함께
배울 것입니다.

용어 사전

가나 문자는 일본어를 표현하려고 한자를 기반으로 만든 문자다.

갠지스강은 인도 북부를 동서로 가로질러 흐르는 강으로 힌디어로 '강가(Ganga)'라고 불린다. 힌두교를 믿는 인도인들에게 가장 성스러운 강이다.

나무와 진흙으로 만든 집은 우간다의 전통적인 가옥이다. 나무 장대를 61센티미터 간격으로 세우고 그 사이에 더 작은 갈대를 넣어 구조물을 만든 다음, 진흙을 채운다. 진흙이 마르면 벽이 된다. 보통 지붕은 금속으로 만든다. 이런 집은 일반적으로 10년에서 15년 간다.

누텔라는 이탈리아 회사 페레로에서 만든 단 헤이즐넛 초콜릿 스프레드(빵에 발라 먹는 것)이다.

데바나가리 문자는 고대 인도에서 생긴 문자로 인도에서 산스크리트어를 쓸 때 사용하는 문자다. '데바나가리'는 '성스러운 도시의 것'이란 뜻이다.

라구 볼로네제는 이탈리아 도시 볼로냐의 이름을 딴, 고기로 만든 소스이다. 보통 간 소고기(때로는 돼지고기), 토마토, 양파, 셀러리, 당근으로 만들며, 소스가 진해지도록 오랫동안 고아 만든다.

라비올리는 고기, 치즈 등으로 속을 채운 작은 사각형의 이탈리아식 국수다.

라틴 문자는 영어와 대부분의 유럽 언어를 기록하는 표준 문자로 국제적으로 널리 쓰이는 알파벳 26자로 이루어졌다.

마토케는 단맛이 없는 품종의 바나나로 때로는 요리용 바나나라고 불리기도 한다. 이 열매는 초록색일 때 따서 찐 다음에 으깬다.

맴(Ma'am)은 프랑스어 중에서 여성을 정중히 부르는 말인 마담(Madam)의 줄임말로, 직위가 높은 여성의 호칭으로 쓴다.

모스크는 이슬람교에서 예배하는 건물을 이르는 말로, 회교성원이라고도 불린다.

바르바리 빵은 보통 페타 치즈와 같이 짠 치즈와 함께 먹는 이란의 두툼하고 평평한 모양의 빵이다.

바시키르어는 러시아 바시키르 공화국의 공용어로 키릴 문자를 쓴다.

반투어는 서아프리카와 남아프리카 일대에서 널리 쓰는 언어이다.

밴(Van)은 화물을 실을 수 있는 화물칸이 달린 차량으로 화물용과 승용차용이 있다.

벙커 침대는 2층 침대처럼 생겼으나 침대가 2층에만 있고 1층은 수납할 공간이나 서랍장을 넣을 수 있게 비워 두었다.

베사멜 소스는 버터, 밀가루, 우유로 만드는 프랑스식 화이트 소스이다.

세이지는 톡 쏘는 향이 있어 다양한 요리에 첨가되는 풀이다. '샐비어'라고도 한다. 돼지고기, 오리고기, 거위 고기에 주로 사용하며, 이탈리아식 송아지 요리에도 넣는다.

센세이(せんせい)는 일본어로 '선생'을 뜻하는 말이다.

스베틀라나 아나톨리예브나는 이름인 '스베틀라나' 뒤에 아버지 이름 '아나톨리'를 붙인 것으로, 러시아에서 손윗사람을 부를 때, 상대의 이름 다음에 상대가 아버지의 아들인지 딸인지에 따라 아버지 이름의 어미를 달리해서 붙인다.

스튜는 스프와 비슷한 서양식 요리로 쇠고기, 돼지고기, 닭고기를 버터에 볶다가 감자, 양파와 같은 야채를 넣고 뭉근히 익혀 만든 요리다.

아다스 폴로는 쌀과 렌틸콩, 양파, 건포도, 향신료로 만든 이란 요리이다. 고기 종류 없이 내기도 하고 간 소고기와 함께 내기도 한다.

아마존 우림은 세계에서 가장 크고 생물이 다양한 열대 우림으로 면적은 남아메리카 대륙에서 550만 제곱킬로미터에 달한다. 15,000 종의 나무, 1,000종의 새, 2,200종의 물고기가 산다.

압울리는 우간다 토박이 말 가운데 하나인 반투어로 '고양이 같은, 배려심이 많은, 여성스러운'이라는 뜻이다. 이 이름은 아이가 태어나고 얼마 되지 않아 아이의 성격을 바탕으로 주어지는 열두 개의 대표적인 '애칭' 가운데 하나다.

오크라는 아열대 지방 채소로 레이디 핑거라고도 불린다.

오하요-고자이마스는 일본어로 '좋은 아침입니다'라는 뜻이다.

올라디는 전통적으로 발효유인 '퍼멘티드 밀크'로 만들어 톡 쏘는 맛을 지닌 러시아의 미니 팬케이크이다.

우랄산맥은 러시아 북부를 동서로 가로지르는 산맥으로 아시아와 유럽의 경계를 이룬다.

유카는 영어로 카사바 나무(cassava)로 알려져 있는데, 끝이 뾰족한 뿌리 식물로 전분이 많이 포함되어 있다. 익혀서 으깨거나 가루로 만들어 먹을 수 있다.

유칼립투스는 오스트레일리아와 열대 지방에서 주로 자라는 나무로 잎에서 유칼리유를 짜낸다.

이레멜산은 높이가 1585미터의 산으로 남 우랄 산맥에서 가장 높은 봉우리다.

지넛(G-nut, Groundnut)은 땅콩의 줄임말 또는 땅콩의 한 형태이다. 전통적인 우간다 요리에서는 이것을 갈아 끓여서 소스를 만들어 먹는다.

차파티는 효모인 이스트를 넣지 않은 평평한 모양의 빵이다. 이 이름은 힌디어로 '철썩 치다'라는 뜻인 'chapat'에서 왔다. 이 빵은 손바닥 사이로 반죽을 치면서 만들 수 있기 때문이다.

처트니는 과일·설탕·향신료와 식초로 만드는 걸쭉한 소스로 차게 식힌 고기나 치즈와 함께 먹는다.

치킨가스는 닭고기를 납작하게 썰거나 다져서 빵가루를 묻혀 튀긴 요리다.

카눔 모알렘은 페르시아어로 '여자 선생님'이라는 뜻이다.

카롬은 당구와 비슷한 보드 게임으로 둥근 모양의 것을 손가락으로 톡 쳐서 네 귀퉁이 구멍으로 넣는 게임이다.

카샤는 러시아어로 '죽'을 뜻하며 물이나 우유에 끓인 모든 종류의 곡식을 나타낸다.

카스피해는 유럽과 아시아 사이에 위치하며 세계에서 가장 큰 호수로 여겨진다.

케이짱 일본에서 이름에 짱을 붙이면 친근감을 주는 호칭이 된다.

코틀레티는 갈아 놓은 고기, 우유에 흠뻑 적신 빵, 양파, 마늘로 만들어 프라이팬에 기름을 조금 넣고 구운 커틀릿이나 크로켓이다.

쿠란(혹은 코란)은 이슬람교의 경전으로 이슬람교를 믿는 사람들이 생활에서 지켜야 할 규범과 신앙에 대해 나와 있다.

키릴 문자는 러시아 문자의 모체가 된

문자로 그리스 선교사 킬로스가 만든 글라골 문자를 바탕으로 9세기 말 경에 불가리아에서 만들어진 문자다.

타르타르 소스는 주로 튀김 요리에 곁들이는 소스로, 마요네즈에 달걀, 허브, 양파, 케이퍼 등을 넣어 만든 소스다.

파니르 파나타는 코티지 치즈를 채워 기름에 튀긴 인도의 평평한 모양의 빵이다.

파머 치즈는 납작하게 누른 코티지 치즈(작은 알갱이들이 들어 있는 부드럽고 하얀 치즈)이다.

페르시아 문자는 페르시아어를 표기하려고 쓰는 문자로 이란, 아프가니스탄, 타지키스탄에서 쓴다. 기본적으로 아랍 문자를 쓰는데 아랍어에 없는 소리는 원래 문자에 점과 선을 더해 써 표현한다.

페타 치즈는 세상에서 가장 오래된 치즈 중의 하나로 양젖이나 염소젖으로 만들어 소금물에 담가 숙성시킨 치즈로 부드럽고 흰색이다.

포도밭은 보통 와인을 만들거나 때로는 건포도를 만들기 위해 포도나무를 재배하는 농장이다.

프로페서(Professor)는 학생들을 가르치는 사람을 부르는 호칭으로 영국에선 대학 교수 중에서 정교수를 구분할 때 쓰인다.

플랜테인은 전분이 더 많고 단 맛은 적은 형태의 바나나로, 보통 요리해서 먹는다. 튀기거나 끓이거나 구울 수 있다.

후리카케는 보통 밥 위에 뿌려 먹는 양념으로, 어분, 깨, 김가루, 설탕, 소금, 그리고 인공 조미료 MSG가 들어 있다.

후돈은 일본에서 보통 낮에는 치워 놓다가 잠잘 때 다다미와 방바닥 위에 까는 평평한 매트리스이다.

힌디어는 영어와 함께 쓰는 인도 공용어이다. 인도에선 십여 종이 넘는 언어가 쓰이는데, 힌디어를 모국어로 쓰는 인구 수가 약 5억 명으로 인도 인구의 40%를 차치한다. 힌디어는 데바나가리 문자를 쓴다.

작가의 말

우간다 여행 중에 정글을 지날 때 일이야.
여행 가이드가 코끼리 소리가 들리는지 잘 들어 보라고 했어.
그러고는 이렇게 말했지.
"만약 코끼리 소리를 들으면 얼른 돌아서서 재빨리 도망치세요. 녀석들은 위험합니다."
우린 그 이야기를 들은 후에, 다시 하던 이야기로 돌아갔어.
한창 스마트폰에서 즐겨 쓰는 앱 이야기를 나누던 중이었거든.
스마트폰을 만지작대면서 코끼리 이야기를 듣다니!
난 우간다를 여행하면서 우간다가 내가 사는 미국과 비슷한
점도 많고 다른 점도 많아서 놀랐어.
예를 들면 우간다 사람들도 나처럼 선생님한테 안 들키기를
바라면서 수업을 땡땡이쳐 본 적이 있어. 하지만 우간다에선
창문을 잠그지 않으면 개코원숭이들이 집 안을 엉망으로 만드는
데, 그건 나로서는 꿈도 꿔 보지 못한 일이야.
이 세상에는 셀 수 없을 만큼 많은 사람들이 늘 하던 일을 하며
살고 있어. 난 우리가 다른 나라 사람들에 대해 알게 되면,
우리 자신을 더 잘 알게 되고, 다른 나라 사람들과 그들
문화를 받아들일 준비가 되리라고 믿어.
그래서 난 세계 어린이들의 하루를 비교해 보고 싶었어. 하루
일과를 비교하면, 서로 비슷한 점과 다른 점들이 확연히 보일
테니까 말이야. 서로 다른 나라에 사는 친구들이 하루를 완전히
다르게 그리고 또 비슷하게 보낸다는 걸 알게 되면
너희가 얼마나 놀랄까?
난 가족과 친구들(그리고 그 친구들의 친구들의 친구들)의 도움
으로 일곱 개의 서로 다른 나라에 사는 일곱 명의 친구들을
만났고, 그들 하루를 이 책에 담겠다고 이야기했어. 다행히도
우린 뜻이 통했고 이렇게 책을 만들 수 있었단다. 일곱 가족들
은 실제 아침 식사 모습과 집, 학교 모습을 사진으로 찍어 보내
줬어. 전자 우편이나 메시지 앱으로 서로 연락을 했어. 어떤
가족들은 영어를 못해서 그 나라 언어로 쓴 글을 영어로 옮겨
읽었단다. 난 그들이 보내 준 사진을 보고 이 책에 나오는 모든
그림을 그렸어.
이 책이 나오는 데 큰 도움을 준 일곱 나라 일곱 가족에게
진심으로 감사하며, 이 책이 세계 다양한 여러 나라 문화와
삶을 배우는 데 도움이 되기를 바랄게.

맷 라모스